BOSTON PUBLIC LIBRARY
Copley Square

La noche
y la poesía
Tienen algo
que decir

Colección *Aquí y ahora*

1. La noche y la poesía tienen algo que decir
   Andrés Castro Ríos

2. Como el caer del agua sobre el agua
   Jesús Tomé

3. Entre la inocencia y la manzana
   Alfredo Villanueva

4. Sueños de papel
   Magaly Quiñones

5. Callando amores
   Roberto Ramos Perea

6. Solo de pasión / Teoría del sueño
   José Luis Vega

7. Crimen en la calle Tetuán
   José Curet

8. Espejo de lluvia
   Carlos Noriega

9. La religión de los adúlteros
   Pedro López Adorno

10. Amantes de Dios
    Ángela López Borrero

11. Peso pluma
    Edgardo Sanabria Santaliz

12. Este ojo que me mira
    Loreina Santos Silva

Andrés Castro Ríos

La noche y la poesía tienen algo que decir

EDITORIAL DE LA UNIVERSIDAD
DE PUERTO RICO

1° de julio de 1996

Aquí y ahora, colección creada y supervisada
por el Dr. José Ramón de la Torre.

Primera edición, 1996
© 1996, Universidad de Puerto Rico
Catalogación de la Biblioteca del Congreso
Library of Congress Cataloging-in-Publication Data
ISBN 0-8477-0265-0

Tipografía: Iván Quiñones
Diseño de portada: José A. Peláez
Grabado: *La pasionaria y el eclipse* de José a. Peláez,
    1990, xilografía, 25" x 19"

Impreso en los Estados Unidos de América
Printed in the United States of America

EDITORIAL DE LA UNIVERSIDAD DE PUERTO RICO
PO Box 23322, San Juan, Puerto Rico 00931-3322
Administración: Tel. (787) 250-0550 FAX (787) 753-9116
Dpto. de Ventas: Tel. (787) 758-8345 FAX (787) 751-8785

excluido de tanto paraíso...
　　　Hölderlin

Contenido

Paso de la muerte 3
Destino de mi sangre 5
Hölderlin 7
La noche y la poesía tienen algo que decir 8
La ternura 10
Solo del corazón 12
Alfabeto fluvial 14
Término 16
Ella, la sangre 17
Medida del misterio 19
Cuando la noche viene 21
Afán 23
Nada se recupera del amor 25
Nínive 1992 27
Cuando soplen otros vientos 29
Edificaré 30
Pedro Zorrilla 32
Cuarta profecía 34
El pan amargo de las sílabas 36
Agenda del cuerpo 38
El sí que era 40
Como una manzana de amor 42
Rostro 43
La felicidad no es perro que sigue a su amo 45
Profundamente 47

Paso de la muerte

Yo no pensaba que la vida fuera esto:
un subir a la ira y bajar a la noria del recuerdo,
lo que ha gemido con las manos abiertas en los ojos
como si nos poblaran la carne el odio y la mentira.

No esperaba estos clavos de la duda, este incipiente
rumor detrás de la ternura y el mar desarbolado:
para mi corazón, que todo era un silencio luminoso,
se escucha ahora la sonrisa de la noche tentándole
                                        su muerte.

Yo no esperé la soledad. Ella rompió mi sueño
y unas notas de miedo burlaron mi presencia.
Era el hielo del viento deshojando sus lágrimas
por encima de toda esta certidumbre de conocerme
                                        solo.

Pude fijarle adiós a una paloma de alegría:
qué más da que el amor se opusiera en sus palabras,
la dicha no pensaba deshacerse en un grito
y el mismo amor quedó desventurado sangrando tras
                                        la puerta.

Que lo explique la tarde metida entre sus ruinas,
pudiera ser la noche desvelando su imagen:
qué le vamos a hacer, qué luna entre los huesos
podría contactarnos con la brisa del cuerpo
      y desmentirnos.

Nunca pude meterme en la cabeza que la muerte
        fuera esto:
puro fantasma repitiendo su ópera, su designio,
polvo de un astro desdoblándome aquí desde su nombre
como si la memoria de la sangre quemara sus rodillas.

Quede claro que el delirio es el mapa de los sueños,
brújula de la poesía convertido en estrella.
Pero sabed que el amor y el dolor son una misma cosa
hoy que la burla hace camino ante el labio sagrado
y la ternura camina cabizbaja amenazada de muerte.

Destino de mi sangre
a José Juan Beauchamp, hermano.

Como si la imagen de ti misma volviera del olvido
estás mirándote la soledad agazapada tras el tiempo,
nubes que avientan la espuma, manos que reconocen
                                        la ternura
quieren volver a despertar la geografía de tus labios.

Es preciso tu espejo devolviéndote al delirio,
desvelando las torres del amor que guardaste en
                                        secreto:
olas de nomeolvides te recogen, un destino de agua
recorre tu cintura escribiendo la carta de tu aurora.

Huérfana de los besos que nunca te aprendiste
parece como si el corazón de la locura gimiera tras
                                        tus pasos:
entregada a una certidumbre de polvo y viento
necesitas saber dónde ha quedado tu rumorosa estrella.

Palpitas en el venero de los ojos. Quien te conoce,
no puede distinguir entre una tarde y tu alegría
                                        nocturna,

no sabría si la muerte hace piruetas en tu cabecera
porque abres la puerta del deseo cuando el amor hace
>   girar su fuego.

Eres lo que renueva la tristeza: barco puro y callado
desesperando al mar a la altura de su fuente,
espuma decisiva que interviene en la frente de la noche
subiendo la certeza de sus astros y sus árboles.

Si supiera hasta cuándo permanecerás conmigo:
sólo el silencio escucha tus cuitas y tu encanto,
desandada entre siglos por cenizas y llanto, desvelos
>   y promesas,
eres la militancia de la luz cuando creces hacia adentro.

Como si la imagen de ti misma surgiera echando
>   espumas,
encendiera secretos, devolviera al amor lo que es
>   materia suya,
piensas muy hondo la eternidad de la memoria,
besas la flor del tiempo que inventara tu aire.

Mágica en la medida en que sueñas tu mundo
apareces cantando en medio de la palabra y la poesía:
rosa tú milagrosa desnudando tus labios
mientras tienes por cuerpo la aurora del origen.

Como el don del agua cuando pasa y no vuelve y
>   regresa,
así tu imagen ausculta su trasfondo de muerte:
quiero que me recuerdes cuando sueñes hacia arriba
revelando a las estrellas tu altísimo secreto.

Hölderlin

La juventud de tu memoria aterraría
si el corazón de los poetas no estuviera dispuesto
                                     a hacer un alto,
en nombre de las cosas que pudieron escribirse
y que estarían disputándose el cetro de lo eterno.
Aterraría tu luminosidad,
tu entrega a la manía de los dioses,
si el fuego no cantara en las manos de los poetas
y éstos birlaran la materia del deseo
entre el límite amoroso de una puesta de sol.
El pan abre sus labios a tu alma:
como una oscura profecía cuelga espejos
                                       en tu sangre
por la muchacha que no volvió,
para que el mar soledoso de su corazón venga
                                       en la noche
descifrando los símbolos de la ternura,
polvo y soplo de amor que fue cayendo
en el orbe cerrado del olvido.
La eternidad de tu memoria nos aterra
cuando oímos al tiempo resbalando sigiloso
                                       hasta tu muerte
y el rostro de la locura descorriendo tus años
                                       en la sombra.
Permíteme tomarte del amor,
desvelarme contigo hasta el delirio,
hacia el mágico cenit de tu poesía.

La noche y la poesía tienen algo que decir

La noche y la poesía tienen algo que decir:
se suben al corazón de las mejillas,
ruborizan todo el amor que fluye por la piel
como la certidumbre de saber que somos un encuentro
que transcurre entre el fuego y la memoria por detrás
                                      de los ojos.

Quién te viera, tristeza. Eres la única manera
                                      de explicar
toda esta madeja de la vida y la muerte,
y el fracaso del amor, y el abismo premeditado
                                      con su raíz
en la cripta sagrada de la sangre. Eres el soplo.
El solo de un violín descifrando la angustia
                                      de los huesos:
y la noche tiene algo que decir, la poesía su rumor,
                                              su profecía.

Alguien ajeno a este delirio deshojará claveles,
impondrá su código de silencio a los labios del tiempo:
razón de ayer, de olvido, meticulosamente el odio tras
                                        el pie,
el fuego apalomando su ropaje en el agua que no vuelve.

Arde la sonrisa, su bandera, el símbolo del mar
                                      está perdido
donde cada gaviota rememora su aire,

quién te viera, rocío, escribiendo en la piel
                              de la ternura
con la espuma que recoges del país del recuerdo,
lo que viene de golpe y milagro a socorrer las puertas
                                        de la aurora.

Algo emerge. Las palabras salen quemando el estupor
                                  de las cenizas,
allá quedan estatuas de miedo, polvo de llanto arrepentido,
lo que fuera vigilia de ilusión, pared de soledad,
ese algo oscuro que llamamos alegría
muriéndose detrás de nuestros actos.
Acá la noche y la poesía con sus ritos y sus ramos,
la flor silvestre del orgullo soplando hacia la vida,
barco bajo las venas arqueando sus sílabas,
acechando sus velas, y una porción de espanto
sobre las torres que erigimos para poblar el viento.

Alguien nos besa los recuerdos.
Lo que dejamos por costumbre en las manos de una
                                          estrella,
quién te viera, poesía, tras la imagen del tiempo,
quién, noche, hablándole al oído del silencio:
el árbol del amor herido hasta la muerte de su sombra
y una ira de siglos subiendo por las ramas de la carne.

El cuerpo de este polvo, la materia que somos,
el viento que seremos cuando cierre el olvido
                              su presencia,
lo dormiremos a la puerta del verano cuando suenen
                                  sus campanas,
mientras pensamos en el corazón
que la noche y la poesía tienen algo que decirnos.

La ternura

Caída de bruces en mi corazón te expresó
                              la ternura:
aquellos pájaros que rondaban por tus ojos
                              no volvieron,
el puente de tu sangre hasta mis ruinas
tuvo su espuma febril, su hora cabal y destrozada
cuando aquello de las torres de la tarde sucumbieron
                              en el tiempo.
Caída más atrás de la memoria,
toda esta soledad punzante de mis manos
enfenixó tu vértigo, tu estatua de dolor sopló
                              hacia el polvo
como cuando resbala una sola mentira sobre el llanto
                              de la piel acongojada.
El reloj te mintió, las cenizas de tu nombre mintieron
                              sus palabras,
ensangrentaron sus sílabas, sus puertas, cantó
                              la misma ópera,
sólo ardían las olas del deseo quedando aquel desorden
                              de tus pasos,
las muecas en los poros, lo que nunca se dijo por temor
                              a que temblara la verdad,

a que el amor cayera de rodillas perdido de soledad,
cruzado entre dos fuegos para entonces quebrarle
                                      las promesas:
te mintieron los años, el árbol que arrullabas en tus manos
                                              cuando niña,
la presencia de todo aquel espejo de alegría que soñaste,
la ronda del delirio, el corazón que no tuvieron
                                      tus muñecas.
Conversando quizás con aquel astro, con el origen,
la noria del dolor te vendrá a recordar el rostro
                                           del silencio
y que entre ruinas, besos y sombras derribadas
abriste alguna vez el memorial de la ternura.

Solo del corazón

Estar solo es mirarse por dentro el florecer
                           del esqueleto,
saberse pura espuma de un otoño que llegó
                           a regañadientes:
soñarse el rostro que se tuvo cuando el niño que se fue
comenzó a suicidarse lentamente en la memoria,
la piedra angular del corazón tomó cuerpo en el poema
como si aquello fuera el presagio luminoso de un día
                                  prometido.

Solo es esto que camina entre los ojos
y nos llama por el nombre sideral que nunca nos dijeron,
reconocer el desvelo del alma en cada cosa que nos toca
                                   la sangre,
el ascenso y descenso del amor, sus cuitas en el mar
                               hechas ceniza,
el árbol que sus plumas cobijaba y de pronto se puso
                            a crecer en la muerte.

Nos conjura la noche su destello y su vigilia,
entramos de rodillas a la sombra profética de su reino:
trajo el verbo su espada cruzando el paraíso del instinto
y la llama de una luna prohibida nos cerraba el influjo
                                 de sus labios:
mirarse solo, abrir la puerta entre el dolor y la
                                   ternura,
puente impreciso sobre el hielo y el fuego del silencio,
como el ala, el perfil que va de viaje
escribiendo los ritos de presencia y ausencia,
raíz y eternidad disueltas en la lengua de la espuma.

Quien conquistó la empuñadura del miedo,
no conoce el secreto de la soledad en su íntimo
latido,
el gozo de subir calladamente un cuerpo, su delicia,
la magnolia del ser que nos invita, nos advierte su luz,
polen entre el camino de una boca y un rostro,
no conoce la historia de quien vino y amó a su criatura:
el soplo de unos besos dispersos en la niebla de la tarde.

Esto que nos inventa detrás de la certeza de vivir,
el tacto soledoso de unas manos,
la hermosura sangrienta de unos ojos llorando sobre
el polvo,
atesoran el solo del corazón, miman su ardor por dentro,
hasta escuchar la música sagrada que en el cielo murmura
una gaviota
y el destino de la noche lo ilumina en la emoción
de sus palabras.

Es cierto. Estar solo es mirarse por dentro la pupila
del delirio,
soñar el árbol que miramos cuando niños deshacerse
en la memoria,
saber la hora del regreso, cuándo empezó la muerte a nacer
sobre el hombro.
Lo demás es el fuego. El decir de una sombra perdidamente
oscura
más allá de la sílaba del mar gimiendo contra la aurora.
Todo este amor es pura teoría del asombro dispuesto contra
el tiempo:
el florecer del esqueleto y el olvido y el paso de la piel,
es cierto.
Entonces, se está solo.

Alfabeto fluvial

Puedo decir que mi nombre es una página donde
                                        se escribieron
tantos recuerdos de auroras sorpresivas, luminosas,
árbol lleno de sueños ofreciendo sus palabras:
alfabeto fluvial de memoria o de muerte,

Se me ha llenado todo este nombre de rostros
                                        familiares,
preguntas de amor y espejos de abrazos vienen y lo
                                            respiran:
alguien puede tocarlo con la punta de un deseo,
escribir de sus olas un cósmico argumento con permiso
                                                    del polvo.

Se le llenan las sílabas de momentos y olvidos:
los ojos caídos lo esculpen, un beso lo desvela,
ayer y hoy atraviesan la espuma de su cielo
como una primavera desatada con banderas y música.

Vocales como el rocío lo acosan de ternura,
amantes consonantes lo suben a la torre sideral
                                        de la caricia,

para que el mar cantara entre la rosa de su sangre
fue menester la órbita del tiempo llorando soledad,
                              ceniza y abandono.

Asombrado ante el misterio de la noche mantiene
                              su silencio,
rumor secreto lo lleva de la mano soñando lo absoluto:
estrellas que son caras conocidas le devuelven
                              su imagen
y aparece el amor con tierra entre los ojos pidiendo
                              un corazón.

Mañana se nos irá de las manos hacia la pura villa
                              del recuerdo,
carne, huesos y sangre visitarán la sonrisa del polvo:
entonces, esta mueca de vivir crecerá como la sombra
                              que olvidamos
quedando su memoria y su página triste
toda llena de auroras y de muertos queridos.

Término

Acosado por vientos de ausencia y playas de regreso,
ojos que me vieron con amor hoy todos llenos de polvo,
sufro el término que rige la ceniza del destino
y todo pasa sobre el corazón como un ciego alfabeto.

Recuerdo que eran días donde la sangre se subía
                                a los labios,
lloraba el mar su furia de besos y secretos,
ella detrás de su sonrisa creaba mariposas, primaveras,
se parecía al viento cuando llega y estremece la boca
                                      del otoño.

Dimos todos los huesos preguntando por la luz
                                de la memoria,
arrebatamos las ruinas de la tarde, la rodilla del tiempo:
fue cuando descubrimos el soplo de la infancia
dormido en una rosa de ilusión a orillas del misterio.

Las manos son testigos de mejores promesas,
casi detrás de los ojos pasa una paloma de alegría
como salvando fechas que cayeron de bruces
allí donde el corazón airea las palabras del recuerdo.

Aguarda la mañana. El secreto de la piel aguarda
la súbita llegada de un cielo de ternura algo más
                                                claro.
Sobrecogido de asombro un hombre está mirando el fuego
                                      de los pájaros
y al día todo abriendo los labios para dictar su término,
                                                su sueño.

Ella, la sangre

Al influjo del amor sopló las velas que venían
de la ausencia.
al mismo amor le reinventó sus alas,
el ser que siempre tuvo poblado de misterios,
el ser de espuma subiendo por el viento como una pura
sombra:
ella, la sangre, rostro contra la eternidad del accesible
olvido,
contra la música de las cenizas y el tiempo conjurado
ardiendo a solas.
Ella perdidamente solitaria recolectando besos, torres de
fuego,
contra la soledad cerrada y el puño de las venas,
ciñendo cicatrices quedadas de otros días,
subiendo hasta la puerta del dolor para salvar una
sonrisa:
la sangre quieta, por encima del sueño de la noche,
asombrado clavel dispuesto a trascender el reino del
silencio.
Como en el paraíso, ella soñó sus labios al sur
de una caricia,

allí solía confundirse con la niebla,
salir en las manos de la tarde con su espada victoriosa
hasta desarbolar el tiempo del olvido con un lirio
                              de llanto y de regreso.
Ella, la sangre, sopló en el pecho su canción de intimidad
                                        y de locura,
desactivó a la tristeza con la bandera del amor,
pasó por encima del mar con una emoción de espuma
                                        prometida,
y reinventó la dicha, le conmovió sus alas en la noche,
subió como el misterio a la fiesta de los ojos,
Ella, abiertamente solitaria, meditada para un feliz
                                            encuentro,
fue el ser sobre la espada del delirio,
puente de eternidad alzado contra el tiempo como una
                                            pura sombra.

Medida del misterio

Me lo dijo la noche.
Detrás de todo esto se yergue la medida del misterio,
un corazón, más aprisa que de costumbre,
deletrea el color de su oleaje sobre el reloj que pulsa
                                    la ternura.

Venía directa la inocencia a remedar sus cuitas,
venía cruzada de silencio, como un rostro de mármol,
y la espuma de una sílaba, y la piel de una sonrisa,
rememoraron en el cántico de un cuerpo
el tiempo que se muere en nuestros brazos
y luego resucita sangre adentro.

Me lo dijeron cuando perdí mi infancia:
entonces el amor comenzaba a levantar torres de fuego,
era una súbita eclosión de alegría y soledad,
manos que se erigían, ojos que descendieron al abismo
                                  para quemar sus naves.

Lo anunció la profecía de la carne después del paraíso: allí
vería el polvo de los dedos subiendo la tristeza,
bajando la meditada presencia de otro cuerpo

surgido de la aurora, como el rocío que escribe
                                      su delirio
y sopla con sus labios la enamorada rosa de la noche.

Comenzó el corazón a latir con urgencia.
Ahí quedó el pavor de la belleza soñando con un rostro:
el sonido del mar sobre los hombros, un aire cobijado,
toda esa certeza del misterio que la noche contiene
                                      en sus palabras.

Cuando la noche viene

Cuando la noche viene se recogen los huesos,
se acerca la memoria a las cosas que quisimos,
toda esta conciencia de ser hombre se cierra
                              tras la muerte
como la primavera cuando llega de improviso
mostrándonos la máscara del fuego.

Todo el otoño que somos desentraña su origen,
se bebe la nostalgia a sorbos lentos, avizora sus ojos,
entonces entra de repente el amor con sus piruetas
y la sombra que fuimos cae de espaldas en el centro
                              de una estrella:
miramos lo que fuera la ternura, su cadáver gimiendo
                              ante la piel,
el rostro del delirio oscuramente solo ante la puerta
                              del silencio.

La noche es como el soplo de unos labios,
Viene cuando el deseo del cuerpo se recoge en el misterio
y algo como una dulce herida lo llama a la certeza
                              de la piedra,
un rumor y unas aguas lo levantan en sus alas
hasta tocar la presencia del mar en el polvo de unas manos.

Tacto de fuego, boca soñadora, la noche es un concierto
                                                    de palabras,
música silvestre respirando la medida del sueño:
cuando llega, la sangre se parece a la memoria
                                       de la dicha
y el corazón cansado la infancia de su órbita recuerda.

Ella, la noche, como un grito semiahogado de la aurora
muestra su juventud, sus actos encendidos,
sus siglos mitológicos volando como árboles,
sus signos meditados, el amor hecho una flor promediando
                                                  otro día.

En ella entraremos de rodillas con la vida en los
                                          brazos,
llevaremos el recuerdo de sus astros subiendo entre
                                          los ojos,
lo que fuera la ternura, su cadáver luminoso pasando
                                              ante la puerta
y lo que fuimos de niños después del paraíso: su soledad
                                              y la poesía.

Afán

Este afán del corazón de verse solo
trasciende nubes, hace un tiempo memorioso que se ahoga
en la orilla de mis años, en la espuma de mis manos,
como cuando la noche se presenta y levanta sus torres
de silencio,
se hunde en el misterio de unos ojos amados:
algo así como el ser en un cuerpo entrañando su origen,
el temible papel de la ternura soltándole palomas
al amor.
Este afán de recoger la luz entre los labios,
saberse corazón sobrecogido a la altura de la soledad,
tiene un signo de olvido y de sílaba sangrienta,
palabra escrita como si el destino cayera tras el sueño
borrando de la piel el rumor escondido de su estrella.
Tiene que ver con la perdida infancia,
tiene que ver que la muerte conquistara los besos
de mi madre
cuando apenas la flor de su inocencia sospechaba el rocío
del recuerdo,
cuando aquello de "soledad, cuánto ahora vales"
y el solo de la libertad soplaba entre las velas de la
sangre:

cuánto vales ahora, soledad, que ya eres nube,
sombra sedienta, palabra, astro con la bandera del fuego
                                    y del amor,
de repente conjuras a la aurora, recibes a la noche
y este afán de mirarse el corazón en el espejo de tu ser
queda como el destello abandonado de una estrella:
                              desesperado y solo.

Nada se recupera del amor
(sílabas)

Las sílabas que dije se quedaron perdidas en el dolor
                                        de una mujer:
nada se recupera del amor,
se va como la espuma de un adiós meditado en la tarde,
guarda juncos, memorias, y airado como gaviota
pierde noción de tiempo y estrella, de pavor,
                                        de regreso.

Nada se recupera después de la tristeza.
En vilo la soledad, la noche, la cintura del fuego,
la poesía despide su emoción en el mismo camino
y las sílabas que dije abren los elementos del miedo
                                        y la nostalgia
por lo que no volviera y quedara disperso en el rostro
                                        del olvido.

Total desvelo. El mar quiso meterse en el rumor
                                        del corazón,
adelantar sus palabras, morirse en cada rayo
                                        de la aurora
para alzar la eternidad desnuda ante los ojos,
miradlo cabizbajo volando hacia la torre del misterio
cuando han izado velas las alas de la sangre.

Enamorar la altura del silencio parecía posible,
era salvar a la ternura de las ruinas del alma:
velar el concierto del polvo, llorar su alucinada
                                                melodía
sin escuchar al cielo cuando sufre perdido de locura.

Lo que dije el viento lo abandonó a sus brazos y a la
                                        mirada del olvido,
se hundió en la noche con el mar, con una mujer,
                          se cumplió de soledad:
palabras muertas al oído sigiloso de las flores
como el cadáver de la penumbra que regresa rastreándonos
                                                  los ojos.

Todo el pavor del mundo se ha quedado dormido entre
                                                    los huesos.
Las sílabas que dije se perdieron en el cuerpo del
                                                    origen.
Después del dolor todo es distinto a la memoria
                                      de la infancia:
nada se recupera del amor.

Nínive 1992
(crónica)

Los profetas clamaron a tus puertas su delirio.
El tiempo pasó como gacela, el amor lo tenías,
                lo perdiste,
el polvo de tu frente fue más allá de la aurora
burlando los pronósticos, el testamento de las estrellas:
los cronistas cantaron tu desamparo,
supusieron que nada quedaría de las torres de tus ojos,
pero mintieron a la carne, la orilla de tu sangre
abre espacios inéditos en mi tierra,
sopla el barco de la ternura, amilagra la noche,
rostros pretéritos enfilan hacia el fuego del presagio
con el puño conquistando otra Babel perdida.
No cayeron murallas a tu nombre, no hubo trompetas,
el mar cruzó la puerta de tus siglos doblando
                las rodillas,
clamaron lenguas y has pintado los pasos de la muerte:
aullad, profetas, mirad los labios del dolor tras
                la espada sangrienta,
el corazón de los niños tiernamente envenenado,
dulcemente el rocío y el aire a la altura del terror,
mirad al pavor serenamente soplando entre los huesos
como la profecía escrita en la piedra de los cielos:

velad a los muertos con su asombro, velad su vigilia,
los que no tropezaron con una estrella no tienen derecho
                                        a la eternidad,
qué decías, Jonás, el rey no pudo hacerte compañía,
era la soledad del tiempo, la historia del diluvio,
el pez grande y el mar metidos en tu vida como tu piel,
el rey meditaba en su sonrisa, subió a la frente
                                        de mi isla
y levantó el patíbulo, la cuerda, el mal hecho una fiesta,
le envió sus memorias a sus súbditos,
trajo su odio y su ironía desde el Tigris, de sus templos,
Jonás, qué decías, no sé dónde estarás, pero el rey
                                        está aquí,
goza su libertad, se bebe nuestra sangre,
se trajo su desierto, nos calcinó los labios,
el ser colectivo ruge su fábula de mentiras:
he aquí la tristeza después de la alegría,
el dolor levantando su torre de Babel en medio de los ojos,
pero ahí el arcoiris, no más el agua para encender
                                        las lágrimas,
el polvo se reconcilia y toma forma, cuerpos hacen
                                        su entrada,
Nínive está recienparida burlándose del tiempo,
clamad, profetas, su delirio: cerrad el paraíso,
las torres de la aurora tienen hambre y sed de justicia,
pasa el amor perdido de silencio, clama su soledad,
todo el pavor del mundo canta su desnudez y su desgracia,
llorad la vida, sufrid su encono, adelante el destello
                                        de la muerte:
porque mejores son sus besos que el rocío que moja
                                        la desdicha.

Cuando soplen otros vientos

Serán distintas las crónicas entonces.
Es decir, hablarán de cómo se reconcilia la piel
                               con el amor,
subirán al balcón de la ternura con una serenata
                               de rocío:
es decir, esto ha de ser así porque el corazón
ha de valerse por sí mismo,
las aguas de su estrella coronarán de luces
                               la memoria
por los que no volvieron, por el tiempo cobijado
                               en el espanto,
y el soplo de los ojos será distinto
cuando se abran las puertas meditadas de otro sueño.
Aquí el profeta hará un alto, nuevas flores brotarán
                               de sus labios
como la primavera cuando crece a la altura del recuerdo,
porque lento para la ira es el fuego del amor
y eterno como el viento el temblor solitario de
                               la sangre.
Pero las vueltas del mundo moverán otros caminos,
cesará el asolamiento de la noche milenaria,
islas de coral, espumas erigiéndose en la piedra
el canto secreto alumbrarán con el fragor de la poesía.
Es decir, la profecía de la ternura no tendrá más remedio
                               que proclamarse
cuando las puertas de la ciudad se sacudan el polvo
y los siglos de miedo e injusticia se doblen derrotados,
asciendan las rodillas y las espinas caídas en los ojos
toquen a muerte dando paso a la sed de la hermosura.
Cuando las vueltas del mundo memoricen el papel
primigenio de la inocencia
y soplen sobre la carne otros vientos mejores.

Edificaré

Sobre este polvo edificaré.
El corazón golpea y fluye entre la espuma
                        del remordimiento,
abre las puertas de la aurora y encuentra
                        el vacío del amor,
el cadáver meditado del recuerdo auscultando las manos
                                      del olvido.

Sobre este polvo madrugaré las torres de la memoria:
quise saber del color de la ternura y el sobresalto,
aullé como el profeta de la noche y la ira vendrá
                        de todos modos
cruzando sus ojos sobre el dolor y la caída de los astros,
allí ha de ser el llanto y el crujir del fuego,
la sangre hecha de barro y la muerte en el sueño pero
                              dormida a medias.

Se secará la yerba. Sobre esa yerba edificaré
las primaveras que nos negaron a los tristes,
los labios rocío adentro clamarán otra estrella
y una paloma luminosa volará de sus ruinas
como una presente certidumbre de eternidad y viento.

Sobre el agua edificaré. Profecía de soledad
había caído tras la estela de nuestros nombres, ninguna
rosa nos alumbraba, una tenue corona
                      de espinas
meditaba en el tiempo desarbolando la imagen
                                    de los pasos.

Edificaré sobre el polvo y la yerba y el venero
                            de otra sangre
hasta quebrar las puertas de la ciudad del dolor
                                  y la mentira:
aullaré de alegría después, traspasaré las torres
                                del amor
simplemente con una vestimenta de delirio
y un puchero de ausencia quedando a la deriva
                                de un recuerdo.

Conoced la memoria del que viene y levanta con premura
las primaveras que nos negaron a los tristes:
el corazón golpea en el rocío esperando otro milagro
y vuela sobre el cielo de la carne y edifica
                                una estrella.

Pedro Zorrilla
(Decorador)

Fuiste quizás un ángel consolador para la rosa
                        del tiempo,
tuviste en tus manos la delicia, el decoro de los ojos
                        para escribir la belleza:
Pedro, ahora resulta que la ceniza vuela detrás
                        de nuestros pasos,
conforme a la ternura se va, regresa, se establece,
sube por el delirio de la yerba y nos sorprende abriendo
                        la mañana,
quedándonos sin ti, sin tu perfil, y sin saberlo,
no queriendo abordar de preguntas al tímido destino.
Ahora pasan tus dedos por encima de los astros,
nos hablan tu recelo, tu amor, la sorpresa de Carmen,
aquellos cuadros, la porcelana china dormida en el jarrón,
el silencio de hombre que llevabas midiendo tu estatura.
Siempre faltan palabras para hablarle a un amigo:
vino la muerte de puntillas, desdibujó tu rostro,
bajó al polvo tu sonrisa, llamó a las 4:45 A.M.
                        por teléfono
y aumentó la tristeza, urgió al dolor a dictar su discurso,
entonces las cenizas y las lágrimas, pobre la soledad
                        con uno menos,

el cadalso a la raíz directa del sufrimiento
y yo, amigo de tus sílabas, tu amor, tu cortesía,
huérfano ahora de tu apretón de manos,
aquí entre el agua y la luna que aprendiste,
entre el recuerdo y tu eterna caballerosidad:
voy directo a recogerte en la memoria
y a quedarme con el ángel que eras en la rosa del tiempo
y a devolver su llamada a la muerte a las 4:45 A.M.
para guardar el espejo que fuiste con su insomnio,
encontrar al viajero que huye y abrazar su obstinado
                                                          silencio.
Es materia, Alberto, cuando un amigo se va una estrella
                                                          se ha perdido.

Cuarta profecía

Abierta como estaba la puerta de la ternura,
sagrada como era la piedra estelar del amor,
una fecha de sangre trascendió tus labios dándole
                              tiempo al tiempo,
razón a la simetría originaria del olvido:
ahora el fuego es otra cosa, otro desvelo el papel
                                  primordial
que hemos dramatizado después del paraíso;
afuera está la noche besando las mejillas de mañana,
el pulso aquí rememorando tu rostro,
articulando sílabas, palabras, rastros de espuma
tomados del vaticinio de la tarde.
Cerrado como vive el corazón al polvo de tu lengua
no le vuelan los pájaros, no responde la lluvia
                              de sus actos
y "no es necesario que cuando pases le digas adiós",
ya el ser que fuiste voló del pedestal, cayó en su
                                      no-ser,
detrás de la vigilia de los ojos, golpeado por otro
                                    sueño,
dueño absoluto y obstinado del vacío que reina tras
                                  la muerte.
Murmura a los cuatro vientos el silencio,

el galope del mar por encima de la orilla de la carne,
muestra la cicatriz, el astro necesitado del beso
                            y el recuerdo
a aquellos que no tuvieron entrada a la eternidad,
a los tristes, los puros, los que no temen a la tristeza
porque levantaron un clavel contra el vacío,
una gota de alegría con indicios de fábula
y pueden pasar un trago amargo con relativa sencillez,
como se dice, a pulso, con el llanto metido
                            en un bolsillo,
con la mano tendida al milagro por florecer de la
                                        memoria.
Escucha. Mientras tanto. El agua del amor ya no será
                                      la misma,
ventanas de rocío clamaron en los labios del profeta,
la alegría dispuso su resabio en la estrella del tiempo
como que el corazón se llama tierra y cielo el alma,
puestos los dos a meditar en la estela del sollozo,
aullando uno, metida la otra a redentora con dos sílabas
                                          de miedo.
Mientras tanto. Escucha. El fuego del dolor ha cambiado
                                          de sitio:
polvo de soledad levanta su consigna en medio
                                          de los huesos
y ha caído con gran estruendo la cuarta profecía,
el profeta soy yo, recuerda: murmúrame que sí, muérete luego.

El pan amargo de las sílabas
a Marcos Reyes Dávila

La noche de los tiempos nos trajo al estertor
                         de este momento,
era la pesadilla de la estrella, el pez y los ojos
                         en el polvo
con su muro de lamentos, el pan amargo de las sílabas,
estuvimos de viaje no se sabe qué luz ni qué recuerdo,
embrión de aquella angustia de piedra y de sollozo:
traíamos en las manos la espuma de la vida,
un secreto sediento de alelíes pulsándonos la piel,
al pie de la blasfemia conjuramos al amor,
subimos la ternura con labios inconformes
y la noche nos cubrió con sus aguas y el soplo solitario
de un rumor ascendiendo la flor de la garganta.
Trajimos el delirio, el signo primitivo de los tristes,
caímos tres veces a la altura del fuego
con el siglo del dolor resucitado entre los párpados:
nos recibió el misterio del mar, la poesía sudorosa
                         y fatigada
de caminar abriendo puertas, enterrando a sus muertos,
aquella gaviota airada sobre el aire y el grito,
el silencioso silencio de los olvidados cayéndose
                         de insomnio,
nos aplaudieron los caídos, los oprimidos, el odio
                         crispó su lomo,
pero en la batalla los cadáveres estaban llenos de mundo,

solían escribir, echáronse a andar después de la memoria,
olvidaron el exilio, el paraíso, clamaron su desvelo
                              en la ciudad:
el corazón ya no tuvo remedio y se fue de bruces
mirando su recuerdo mitológico en unos ojos cerrados
                              de amargura.
Antes del reino brilló la primavera. Después fue
                              la tristeza,
la locura, el apogeo inmisericorde de las lágrimas,
el ritual de la mentira sugiriendo su cadalso;
antes del reino la piel era un velero de ternura:
atrás las manos que meditan, el corazón que aúlla,
la sombría lengua de los astros golpeando el origen,
estamos llenos de misterio, sobrecogidos de secreto,
donde habita la flor acontece la sombra de la espina,
la sangre lleva al pulso su pregunta,
sopla en la boca su agonía y contesta su límite,
está de paso el pensamiento doblándose en la piedra.
Hay tanto que decir y las palabras se gastan,
                              se rebelan,
chillan en la tormenta de los huesos como una profecía,
apuñalan al silencio por la espalda, tienen pesadillas
                              con la soledad,
la noche las conoce y levanta sus ritos
como las plumas de la dicha cuando cantan la cólera
                              del tiempo.
Todo nos sobrecoge más allá del sollozo,
auscultamos tres veces la caída, el silencio metido
                              en su presagio
como la sobremuerte del pez y de la estrella,
el pan amargo de las sílabas
y los ojos en el polvo con su muro de lamentos.

Agenda del cuerpo
a Carlos Noriega

Se suponía que alcanzaras una estrella con las manos,
que hicieras volver en sí a una flor doblegada
                              por el tiempo,
se supone que mires el silencio de tus ojos,
que hagas girar el rictus de amargura hacia otro norte
y prevengas a la muerte de quedarse solitaria
sin la entraña de la luz que el verano prometía.
Sucede que estás meditando en la piedra del dolor,
sucede que el mar se ha metido sangre abajo
espumando el velero de tu amor a las puertas
                              del sigilo,
me parece otro engaño a los ojos el soplo de la alegría:
iría y apostaría mi tristeza a que todo cayó del pedestal
                              de la memoria
cuando la primavera no apareció en las palabras
                              del incendio,
doblaron a muerte las sílabas del fuego de otro cuerpo
suponiendo que traías tú la espada de guardar el paraíso.
¿A dónde colocaremos las manos del rocío, en qué espuma,
cómo alzar la bandera de la dicha en la tierra prometida
                              de los tristes?

Sucede que me quedé contigo en este ritual de soledad
                                                    y miedo,
pero se suponía que ibas a ser distinto,
tenías que colocar una estrella al alcance de tu sombra
e irte con el verano a meditar la certeza del otoño,
darle cabezazos de misterio a la ternura
hasta la orilla del corazón donde vive guardado
                                                    su secreto.
¿A dónde colocaremos tu tristeza
ahora que el polvo de los siglos detiene su vigilia
                                                en tu silencio?
Se suponía que hoy arriaras el velamen del dolor
                                                y las ausencias
y sigues avanzando entre piedras y sollozos
hacia el fuego irreverente y solitario del amor.

El sí que era

Era el sí de vivir a la orilla de una estrella,
pegado el corazón al oído del tiempo,
un sí redondamente posesivo, cercano a la alegría,
como si fuera el muro donde el pecho cuelga
                    su cósmico silencio,
un sí más terco que la lengua doblando sobre el polvo,
sí de verdad, un viento de locura y de ternura
dibujando sus alas sobre el mar, de puntillas en la sangre:
porque cuando ella dijo sí se izaron las banderas
                            de la dicha,
cayó la soledad sobre el naufragio de los días,
porque era cierto que ese sí consumía las puertas
                            del delirio,
los labios dijeron sí y el beso inauguraba su costumbre,
la memoria comenzaba a detectar las huellas del recuerdo:
sí desde entonces, aunque pasara la tristeza desvelando
                          la inocencia de la piel,
era tomar la certeza del cariño por el sueño, respirar
                            en su boca,
decirle sí al amor con el acento luminoso que conlleva,
porque estaba de luto la belleza
y cuando ella movió su cabeza afirmativamente
una rosa estelar bajaba decidida a comenzar de nuevo,

a borrar del paraíso aquella espada, a aquel arcángel,
con un sí tan absoluto como el deseo que hace iluminarse
                          y ascender a dos cuerpos,
De manera que la tormenta comenzaba y el sí ya era pretérito,
ardió su hoy entre la carne dejándole preguntas al mañana,
era mover las estrellas, alzar la libertad sobre
                          los párpados,
la bandera del sí volvía en sí la rodilla del amor,
de manera que ella fue culpable del alumbramiento
                          de la verdad,
trajo su espuma, la piedra de vivir maniatados al tiempo:
ocurrió así, los cronistas comenzaron a encender
                          la memoria,
arriba del corazón el polvo de los astros contaba
                          su eternidad,
decía sí tranquilamente y secaba los ojos al rocío,
de modo que esto es patrimonio del camino y las tardes
                          metidas en los brazos,
porque cuando ella dijo sí realmente todo despertaba,
era el aire y el fuego y la tierra y el agua para aquel
                          hombre
porque era un sí perfecto y agudo y afirmativo como la noche
                          y la poesía.

Como una manzana de amor

Adán reclinaba su cabeza para encender una estrella,
por ella pasaba el tiempo como un arrendatario
                            de la muerte:
olas a la deriva, ojos cortados a la inocencia meditaban
                                        su turno,
lejos aún la costilla del insomnio, el pulso del deseo,
por acá vislumbraba un paraíso sediento entre los labios,
era el árbol del olvido volando en el destino
                            de la noche,
Adán aullaba de nostalgia, su voz era una lástima
                                      irredenta
consumiendo el silencio predispuesto al corazón.
El rayo y el relámpago del miedo rompieron en su sangre,
atribularon la soledad con la magia de estar solo
y un sí de espuma, una torre de emoción recuperada
descendió del costado alegrando la furia de los párpados:
abiertos eran los ojos, una estatua caminaba junto
                                      al cuerpo,
se escribía el secreto, la ternura,
y se palpaba la puerta del oriente
como la vestidura habitada de un arcángel,
como una pura y jubilosa manzana del amor.

Rostro
a Roberto Ramos-Perea

El rostro que pudo ser la certidumbre del comienzo,
el origen del llanto, el signo del mal humor,
símbolo genocida de las noches florecidas
                       en la sangre:
el rostro que no tuve, el que pudo ser elemento
                       de la ternura
cuando los dioses encendieron su lámpara en el tiempo,
el rostro del dolor, apenas sombra metafísica, paño
                       de lágrimas
para el espejo ominoso de los tristes,
el sonriente, apenas nido de un sueño, pura ironía
                       en la sonrisa,
la que vino y cayó de bruces en el labio del misterio,
la sola sonrisa metida en su soledad hasta la empuñadura,
la de la tenue primavera y el otoño creciendo a la orilla
                       de un astro:
el rostro hecho cenizas ante el fuego del asombro,
partida del abismo, simiente en el lenguaje de los muertos
                       que agotaron su insomnio.
El que pudo perderse y salvó su presagio en la espuma
                       del silencio,
amante de las sílabas silvestres, fabulador del polvo
                       que erige su destino,

pasado por traiciones, nomeolvides, terco hasta
                        el deslumbramiento,
apenas aparece en las palabras, reaparece en la memoria
                                    del sendero
cuando alguien pide paz para sus sueños,
paz para hacer el amor y el corazón transformándose
                                    en alondra.
El rostro que quise, el que perdió su número detrás
                            de la tristeza,
el solo solitario metido en su sola soledad,
¿quién le devolverá su agua, su clavel, su guitarra
                                  enternecida,
después que se recoja el paraíso y el paraíso clame
                                por nosotros?
El rostro del cronista, del profeta, esta luz que el poeta
                                  ha meditado,
¿con qué voz abrirán las puertas de mañana,
qué pregunta empuñarán a manera de epílogo?
El rostro del tiempo, fabulador del amor y de la muerte,
el que cuenta las estrellas con los ojos para saber
                                su número:
el rostro persuasivo caída del silencio, el que quise.

La felicidad no es perro que sigue a su amo

De modo que esto era la felicidad: un puñado de polvo
                              y de mentira,
jugar a ser feliz, soplar la costilla del dolor
por encima de los colores de la dicha.
Diríamos que un viento de locura escribió sobre
                              la piedra,
la sonrisa pudo abrirse como el abanico de la tarde
cuando unos labios puros midieron el misterio de la noche:
pero quedamos solos escribiendo el argumento,
solos con el naufragio del amor escrutando los ojos,
quedamos sin la orilla de unas manos, corazón afuera
rememorando el transcurrir de nuestra infancia,
quisimos emocionarnos con un recuerdo,
enamorarnos de la alegría, conmemorar la ternura,
pasamos el paladar de las espinas, la caída tres veces,
y un cinturón de ruinas velaba el resplandor
                              de la memoria.
Alto era el secreto de los pájaros entonces,
jugábamos a la eternidad, al corazón que resucita
                              cuando va a su profecía,
jugábamos a la magia de la niñez, al amor de cabecera,
pero la soledad puso sus ojos delante del clavel
                              y de la cuna,

hirió de muerte el encanto de las tardes, las manos
                              de mi madre,
y una oscura ceniza cruzó nuestro camino dando tumbos,
a ciegas entretanto, sorda noticia contra el mar y su espuma
                              jubilosa,
puro ensueño trastornando la ilusión del paraíso.
Vimos volar los árboles del tiempo hacia otra cima:
el adiós transfigurado, vivo cenit despidiéndose del cuerpo
más allá de la sombra que deja la tristeza,
detrás del regocijo, empujando sus dedos al olvido
como la sangre cuando gime hundiendo su reflejo
                              en otra luna.
De modo que esto era la felicidad,
abrir la mano y no escuchar una sonrisa,
tocar la puerta del vacío, saber que una pura golondrina
no puede hacer cantar los labios del verano,
de modo que el polvo del sollozo que conquistó
                              a mi madre
se puso delante del amor para ocultar su rostro
y a manera de prólogo la piedra trascendía su secreto,
limaba las hojas del dolor y la flor de la nostalgia,
porque jugábamos a ser felices con un puchero de llanto
                              en la garganta
y una sola felicidad no hace que se enciendan las puertas
                              del verano.

Profundamente

He decidido guardar un poco de alegría para otros
                                    tiempos,
la rosa de la noche va conmigo, advierto la poesía
                            detrás de mis ojos
como una lámpara de encanto moviendo las cenizas
                                del recuerdo:
de una vez por todas comparo mi música con la simetría
                                    del dolor,
tengo un dejo de silencio y un sollozo escondido
allí donde mi corazón hace un ruido como de muerte
y pasa la ira del alma desvelando palabras antes
                        no dichas,
oscura es la retina de estos días: profundamente quiero
                                volverme
hacia el rostro de las cosas de ayer, rememorar sus signos,
abrir otra aurora del amor con símbolos tomados
                    a una sangre distinta,
porque he decidido guardar el celaje de una sonrisa,
la gacela de un beso, dentro de toda esta certidumbre
                        de conocer la esperanza,
el lenguaje de una carne donde espume mi canción
                        de eternidad:
ahí veremos el soplo de la ternura prohibida,
el secreto del tiempo coronando su ascendente profecía,

las manos abiertas en el rocío, los labios de una estrella
enamorando el aire del corazón y su ritual de fuego.
Tengo la presencia de la noche para alzar otra luna,
                        la soledad por experiencia,
allí donde el rayo y el relámpago ponen la furia
                                de su resplandor
levanté mi ira para doblar traiciones, hice volar
                                    los árboles
con un puro movimiento de la poesía
y avizoré la tristeza del mar, perdoné cicatrices,
memoricé el solo del niño que cayó de una mejilla
fragmentado en el pulso de la tarde donde durmió
                                      su infancia.
Oscura es la garganta de estos días: profundamente evoco
las sílabas donde el amor resucitaba sus puertas
                              en la aurora,
solo en el viento, como si el pecho arrullara presagios
                                    de locura
tratando de callar el sonido incesante de la muerte,
veremos el velero de los astros aullar sobre nuestras
                                        cabezas:
de pronto el silencio dice su nombre, su misterio
                                    se escucha,
aquí el dolor es una página antigua que no pasa,
permanecen sus letras, sus alas, esquivamos su rostro,
una tenue primavera dormida en la estación de la memoria
quiere escribir para la piedra su presencia de nardo
y un cielo de ternura y sobresalto
fija en el corazón su horario de certeza y profecía.
Arriba de los ojos la rosa de la noche va conmigo
como la lámpara de la poesía moviendo las cenizas
                                        del recuerdo.